4.95

Note to Educators and Parents

Reading is such an exciting adventure for young children! They are beginning to integrate their oral language skills with written language. To encourage children along the path to early literacy, books must be colorful, engaging, and interesting; they should invite the young reader to explore both the print and the pictures.

The *Night Animals* series is designed to help children read about creatures that are active during the night. Each book explains what a different night animal does during the day, how it finds food, and how it adapts to its nocturnal life.

Each book is specially designed to support the young reader in the reading process. The familiar topics are appealing to young children and invite them to read — and reread — again and again. The full-color photographs and enhanced text further support the student during the reading process.

In addition to serving as wonderful picture books in schools, libraries, homes, and other places where children learn to love reading, these books are specifically intended to be read within an instructional guided reading group. This small group setting allows beginning readers to work with a fluent adult model as they make meaning from the text. After children develop fluency with the text and content, the books can be read independently. Children and adults alike will find these books supportive, engaging, and fun!

— Susan Nations, M.Ed., author/literacy coach/
consultant in literacy development

Nota para los maestros y los padres

¡Leer es una aventura tan emocionante para los niños pequeños! A esta edad están comenzando a integrar su manejo del lenguaje oral con el lenguaje escrito. Para animar a los niños en el camino de la lectura incipiente, los libros deben ser coloridos, estimulantes e interesantes; deben invitar a los jóvenes lectores a explorar la letra impresa y las ilustraciones.

Animales nocturnos es una nueva colección diseñada para que los jóvenes lectores conozcan a algunos animales que están activos durante la noche. Cada libro presenta a un animal diferente, y explica lo que hace durante el día, cómo encuentra comida y cómo se adapta a su vida nocturna.

Cada libro está especialmente diseñado para ayudar a los jóvenes lectores en el proceso de lectura. Los temas familiares llaman la atención de los niños y los invitan a leer una y otra vez. Las fotografías a todo color y el tamaño de la letra ayudan aún más al estudiante en el proceso de lectura.

Además de servir como maravillosos libros ilustrados en escuelas, bibliotecas, hogares y otros lugares donde los niños aprenden a amar la lectura, estos libros han sido especialmente concebidos para ser leídos en un grupo de lectura guiada. Este contexto permite que los lectores incipientes trabajen con un adulto que domina la lectura mientras van determinando el significado del texto. Una vez que los niños dominan el texto y el contenido, el libro puede ser leído de manera independiente. ¡Estos libros les resultarán útiles, estimulantes y divertidos a niños y a adultos por igual!

— Susan Nations, M.Ed., autora/tutora de alfabetización/
consultora de desarrollo de la lectura

A scary **howl** fills the night.
What animal is making that
sound? It is a coyote!

Un terrible **aullido** llena la
noche. ¿Qué animal grita
de ese modo? ¡Es un coyote!

Coyotes look a lot like dogs. They look like wolves, too. Coyotes, dogs, and wolves are all part of the same family of animals.

Los coyotes se parecen mucho a los perros. También se parecen a los lobos. Coyotes, perros y lobos pertenecen a la misma familia animal.

Coyotes live in lots of different places. Many coyotes live in the country. Some live in the city. They live where they can find food.

Los coyotes viven en muchos lugares diferentes. Muchos coyotes viven en el campo. Algunos viven en la ciudad. Viven donde pueden encontrar comida.

Coyotes like to stay away from people. Most coyotes stay out of sight all day. During the day, they sleep.

Los coyotes prefieren alejarse de los seres humanos. La mayoría de los coyotes se esconden todo el día. Durante el día duermen.

At night, it is time to **hunt**!
Coyotes are good hunters.
They can see well in the dark.
They can hear well, too, and they
have a great sense of smell. Their
senses help coyotes find **prey**.

¡Al llegar la noche, es hora de
cazar! Los coyotes son buenos
cazadores. Pueden ver bien en
la oscuridad. También pueden oír
bien, y tienen un gran sentido del
olfato. Sus sentidos los ayudan a
encontrar a sus **presas**.

Coyotes eat many things. Coyotes that live in the country hunt rabbits and other small animals. Sometimes, they eat eggs or fruit.

Los coyotes comen muchas cosas. Los que viven en el campo cazan conejos y otros animales pequeños. A veces, comen huevos o fruta.

In the city, coyotes often eat garbage. They will also eat things that are not food. Some coyotes even eat shoes!

En la ciudad, los coyotes suelen comer basura. Son capaces de comer cosas que no son comida. ¡Algunos coyotes comen hasta zapatos!

garbage/
basura

Many coyotes live and hunt in groups called **packs**. Pack members howl to talk to each other.

Muchos coyotes viven y cazan en grupos llamados **manadas**. Los miembros de una manada aúllan para comunicarse entre ellos.

Did you ever hear a coyote howl at night? If you did, you heard a night animal!

¿Alguna vez has oído aullar a un coyote en la noche? ¡En ese caso, has oído a un animal nocturno!

Glossary/Glosario

garbage — trash, scraps of food, or used things that people throw away

howl — a long, loud, sad sound

hunt — to find and kill other animals for food

packs — groups of animals that live and hunt together

prey — an animal that is hunted by another animal

senses — an animal's abilities to see, hear, smell, taste, or touch

---

aullido — grito prolongado, triste y sonoro

basura — desperdicios, restos de comida o cosas usadas que la gente tira

cazar — buscar y matar a otros animales para comérselos

manadas — grupos de animales que viven y cazan juntos

presa — animal que es cazado por otro animal

sentidos — facultades de los animales para ver, oír, oler, saborear y tocar

For More Information/Más información

Books

Coyotes. Animals That Live in the Desert (series). JoAnn Early Macken (Gareth Stevens)

Coyotes. Grassland Animals (series). Patricia J. Murphy (Pebble Books)

Coyotes. What's Awake? (series). Patricia Whitehouse (Heinemann Library)

Wild Canines! Coyote. Jalma Barrett (Blackbirch Press)

Libros

Coyotes/Coyotes. Animals That Live in the Desert/Animales del desierto. JoAnn Early Macken (Gareth Stevens)

El coyote. Perros salvajes (series). Jalma Barrett (Blackbirch)

El coyote. ¿Qué está despierto? (series). Patricia Whitehouse (Heinemann/Raintree)

Index/Índice

About the Author

Joanne Mattern has written more than 150 books for children. She has written about unusual animals, sports, history, world cities, and many other topics. Joanne also works in her local library. She lives in New York State with her husband, three daughters, and assorted pets. She enjoys animals, music, reading, going to baseball games, and visiting schools to talk about her books.

Información sobre la autora

Joanne Mattern ha escrito más de ciento cincuenta libros para niños. Ha escrito textos sobre animales extraños, deportes, ciudades del mundo, dinosaurios y muchos otros temas. Además, Joanne trabaja en la biblioteca de su comunidad. Vive en el estado de Nueva York con su esposo, sus tres hijas y varias mascotas. A Joanne le gustan los animales, la música, ir al béisbol, leer y hacer visitas a las escuelas para hablar de sus libros.